AF231120


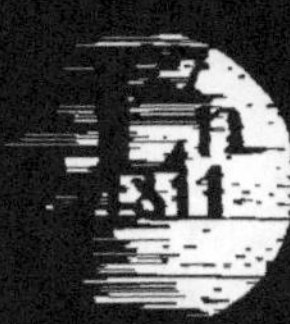

# LE PROCÈS

## DE

# BEAUMARCHAIS

## DEVANT LE PARLEMENT DE PROVENCE

### (1778)

## DISCOURS

PRONONCÉ A LA SÉANCE SOLENNELLE DE RENTRÉE

### DE LA SOCIÉTÉ DE JURISPRUDENCE D'AIX

(CONFÉRENCE DES AVOCATS)

LE 13 JANVIER 1869

PAR

### Léon RÉGUIS

AVOCAT, DOCTEUR EN DROIT

## AIX

### TYPOGRAPHIE REMONDET-AUBIN

IMPRIMEUR DE LA COUR IMPÉRIALE

Sur le Cours, 53

1869

# A Mᵉ J. DE SÉRANON

BATONNIER DE L'ORDRE DES AVOCATS

Président de la Société de Jurisprudence d'Aix

—

## A MES CONFRÈRES

La fin du dernier siècle a été fertile en grands événements ; au souffle d'idées nouvelles, une nouvelle société prenant brusquement la place de l'ancienne, proclama l'indépendance et la liberté et renversa toutes les institutions sociales, civiles, religieuses que la consécration du temps semblait devoir préserver d'une destruction si radicale.

Mais si ces changements furent rapides et soudains, les idées qui les produisirent étaient déjà anciennes ; déjà elles avaient été entrevues par des hommes d'élite qui en jetèrent les premières notions dans la société. Il serait intéressant de suivre dans le passé ce travail incessant, de voir, imperceptible d'abord, grandissant ensuite, le germe de tous les principes que nos pères ont proclamés à l'époque de notre grande Révolution.

Je n'ai pas l'intention d'entreprendre cette étude, elle est au-dessus de mes forces. Mais je puis dégager des enseignements de notre histoire ce fait que les réformes qui sont une des plus belles conquêtes de 89 auraient pu facilement être opérées sans bouleversement, par la force même des choses, si des hommes ardents et trop hardis peut-être n'avaient entraîné les esprits au delà du but qu'ils s'étaient proposé eux-mêmes, et hâté ainsi le développement des idées d'émancipation et de liberté en devenant des instruments énergiques, quoique involontaires, de la destruction de la monarchie et des institutions sur lesquelles elle s'appuyait.

Parmi ces hommes capables de démolir, mais impuissants à reconstituer, il s'en est trouvé un qui entre tous a provoqué ce mouvement excessif par la part qu'il prit de près ou de loin à presque tous les événements grands ou petits qui ont précédé la Révolution. Esprit folâtre et espiègle, caractère gai et comique, lutteur vigoureux et adroit, mélange de perspicacité, d'énergie, de souplesse, d'opiniâtreté, il y eut dans sa vie quelque chose du novateur; sorti des classes inférieures de la société à une époque où les rangs se gardaient encore avec une scrupuleuse exactitude, il a traversé en quelque sorte toutes les conditions sociales. L'étonnante variété de ses aptitudes le mit en rapport avec les personnages les plus divers et lui fit jouer tour à tour les rôles les plus différents : horloger, musicien, auteur comique, homme de cour, homme de spéculation, homme de plaisir, éditeur, armateur, fournisseur des armées, négociateur, agent secret, tribun par occasion, homme de paix par goût et cependant plaideur éternel. L'histoire de Beaumarchais peut ajouter quelque lumière à l'histoire de son époque ; reflet de toute une

période historique, sa vie remplie de contrastes et d'in-
cohérences est la plus fidèle image d'une société qui se
dissout et se décompose par le désaccord toujours crois-
sant des idées et des institutions, des mœurs et des lois.
Ses œuvres ont la même destinée ; obligé d'écrire pour
défendre sa fortune, sa liberté, son honneur, il agite la
France avec un procès insignifiant, où il s'agit d'un règlement de comptes, de dommages-intérêts, renverse
presque à lui seul une magistrature établie par l'autorité
royale et prépare cette émancipation des esprits qui a
produit des réformes nécessaires dans l'administration de
la justice et la procédure criminelle.

C'est à ce dernier titre seulement que je me permets
de prononcer dans cette enceinte le nom de Beaumarchais, qui ordinairement semble ne réveiller que les souvenirs satiriques du *Barbier de Séville* et du *Mariage de
Figaro*. C'est en quelque sorte sous le manteau des idées
nouvelles au développement desquelles il a si activement
coopéré, que je viens aujourd'hui vous entretenir de cet
écrivain. Vous exposer les détails d'un de ses procès, non-
seulement parce qu'il a eu le plus de durée et de reten-
tissement, mais encore parce qu'il a eu son dénouement
à Aix, devant le Parlement de Provence ; vous rappeler
les mémoires produits dans cette affaire, vous en indi-
quer la portée et les conséquences par rapport aux réformes dont je viens de parler ; à cette occasion, faire
revivre, pour ainsi dire, les éminents magistrats et les
avocats illustres dont notre Provence a raison d'être fière ;
tel est mon but. Trop heureux si, après m'avoir écouté
avec une attention bienveillante, vous daignez donner

votre approbation à mon travail et encourager mes efforts en m'accordant votre indulgence.


Pâris Duverney était le troisième des quatre frères Duverney, financiers célèbres au XVIII<sup>e</sup> siècle, qui, de la condition la plus humble (ils étaient fils d'un modeste aubergiste du Dauphiné) surent par leur travail, leur intelligence dans les affaires, leur audace dans les grandes entreprises, acquérir une fortune considérable et s'élever à une brillante position.

Le plus distingué de tous, celui dont le nom reviendra quelquefois dans le cours de ce récit, prit pendant plus de cinquante ans une part active à toutes les grandes affaires d'administration et de finances. Ce fut lui qui, à l'instigation de M<sup>me</sup> de Pompadour, créa l'école militaire. Il en fut le premier directeur, sous le titre d'intendant.

Mais déjà, les désastres de la guerre de sept ans avaient diminué l'influence de la favorite, et l'école militaire, considérée comme son ouvrage, était tombée dans le discrédit de la famille royale et du ministre lui-même. Depuis longtemps Duverney sollicitait une visite officielle du roi, qui devait être comme une sorte de consécration de son établissement. Ses démarches furent infructueuses. En désespoir de cause, il eut l'idée de recourir à Beaumarchais.

Beaumarchais, fils d'un simple artisan, destiné à succéder à son père dans sa profession d'horloger, avait cependant reçu une éducation très soignée. A vingt ans à peine, il sut se faire une réputation dans cette branche

d'industrie en soutenant un procès contre un individu
qui voulait lui ravir l'honneur et le profit d'un nouvel
*échappement*. Il gagna sa cause devant l'Académie. Dès
cette époque, il eut ses entrées à Versailles comme horloger.

Sa jeunesse, le bruit qui venait de se faire autour de
son nom, son intelligence, ses bonnes manières lui acqui-
rent bientôt l'affection de Mesdames, filles de Louis XV.
Mettant à profit son talent de musicien, il leur apprit la
harpe, et passa ainsi, presque sans transition, de sa bou-
tique à la vie de la Cour et à une sorte d'intimité avec des
princes et des princesses de sang royal. Son caractère
souple, insinuant, respectueux envers ceux de qui il
pouvait espérer quelque bienfait, ne fit qu'accroître son
influence. Aux premières propositions de Duverney,
Beaumarchais vit l'immense intérêt qu'il aurait à obtenir
une faveur pour un homme qui pouvait le servir plus
tard. Il usa aussitôt de toute son influence sur l'esprit
des princesses, fit valoir auprès d'elles non-seulement la
question d'équité, mais leur montra aussi tout le profit
qu'il pourrait lui-même retirer, si ses protectrices enga-
geaient le roi à combler les désirs les plus chers de Duverney.

Les princesses ne purent résister à de si pressantes sollicitations. Louis XV stimulé par ses filles consentit enfin
à venir visiter l'Ecole militaire.

A dater de ce jour, le financier reconnaissant, et
charmé de trouver un intermédiaire si utile et si puissant
dans ses rapports avec la Cour, résolut de récompenser
les services de Beaumarchais en commençant sa fortune.

Il lui donna d'abord dans quelques-unes de ses vastes opérations un intérêt de 60,000 livres dont il lui payait la rente à dix pour cent ; puis il le chargea souvent des négociations les plus importantes et finit par l'associer à diverses entreprises financières.

Cette liaison de Beaumarchais avec Duverney dura dix ans. Et pendant ce temps, rien ne vint troubler une amitié qu'avaient commencée l'intérêt d'une part et la reconnaissance de l'autre, mais dont l'estime et l'affection réciproques avaient resserré les liens.

De leur association il était résulté entre eux un mouvement de fonds assez considérable, qui n'avait jamais été réglé par un compte définitif.

Beaumarchais craignant, s'il restait toujours dans la même situation, un procès avec les héritiers de son protecteur, parvenu déjà à une extrême vieillesse, sollicita de Duverney un règlement de comptes qui lui fut accordé au moyen d'un acte sous seing-privé fait en double original le 1er avril 1770, par lequel, après une assez longue énumération des créances et des dettes de chacun des contractants, Beaumarchais faisait remise à Duverney de 160,000 livres de billets au porteur et consentait, pour satisfaire le désir de son bienfaiteur et par amitié pour lui, à la résiliation de la société existant entre eux pour l'achat de la forêt de Chinon, et cela dans un moment où l'appui de Duverney et son expérience dans les affaires auraient été pour lui d'un très grand secours. De son côté, Duverney *reconnaissait* Beaumarchais *quitte de tout envers lui*, déclarait lui devoir une somme de 15,000 livres payables à sa volonté et s'engageait à lui prêter pendant huit ans, sans intérêts, une somme de 75,000 livres.

Les deux clauses n'étaient pas encore exécutées, que Pâris Duverney mourut, âgé de 87 ans, le 17 juillet 1770, laissant toute sa fortune, s'élevant à 1,500,000 livres, au comte Falcoz de La Blache, un de ses arrière-neveux. Beaumarchais, vivant dans l'intimité la plus étroite avec Duverney, connaissait depuis longtemps ses intentions à l'égard de son arrière-neveu, pour qui il avait toujours eu un attachement profond et une prédilection marquée, au préjudice de parents plus rapprochés qui cependant ne méritaient pas de la part de leur oncle une telle indifférence ; il plaida avec chaleur leur cause auprès de son vieil ami, et c'est grâce à ses pressantes sollicitations que le legs universel du comte de La Blache fut diminué par de nombreuses libéralités particulières en leur faveur. Celui-ci n'ignorait pas les démarches qu'avait faites Beaumarchais : *Je hais cet homme*, disait-il, *comme un amant aime sa maîtresse*. Il était d'ailleurs assez naturel qu'un héritier présomptif n'eût pas grande propension pour quelqu'un qui avait reçu et pouvait recevoir encore des bienfaits d'un vieillard dont la fortune lui était réservée.

Ces sentiments n'étaient pas de nature à faciliter les rapports que la mort de Duverney faisait naître entre son héritier et Beaumarchais. Aussi lorsque ce dernier fit présenter à La Blache son arrêté de comptes et en réclama l'exécution, celui-ci lui répondit qu'il ne reconnaissait pas l'écriture de son oncle et qu'il considérait l'acte comme faux ; sommé alors de s'inscrire en faux, il déclara qu'il se réservait d'user ou non de ce moyen et en attendant il demanda aux tribunaux l'annulation de cet arrêté comme renfermant en lui-même des preuves évidentes de dol et de fraude.

Le comte n'osait pas plaider au criminel, car les imputations sur lesquelles il se serait appuyé, si elles avaient été jugées calomnieuses, auraient pu attirer contre son auteur des peines sévères, et il se souciait peu, pour la pure satisfaction d'une vengeance personnelle, de courir les chances de ce périlleux procès. Et quoiqu'il ne plaidât qu'indirectement la question de faux, cependant, à la suite de cette discussion infâmante, il prétendait tirer parti lui-même de l'acte qu'il déclarait faux ; ainsi, non content de réclamer à Beaumarchais 53,500 livres de créances annulées par l'arrêté de comptes, il avait la maladresse ou la naïveté de demander que la fausseté de l'acte ne servît qu'à rendre sans valeur la créance plus considérable de son adversaire sur Duverney.

Beaumarchais exigeait pour sa défense la représentation de l'autre double, qui ne se trouvait pas dans les papiers du défunt, et accusait, non sans quelque raison, le comte de La Blache de l'avoir détruit. Il prouvait d'ailleurs la sincérité de son titre par de nombreuses lettres qu'il avait reçues de son bienfaiteur. Ces pièces furent alors, comme l'acte lui-même, déclarées fausses ; Beaumarchais était accusé d'avoir fabriqué tous ces divers titres en *adossant* des prétendues demandes de règlement définitif de comptes à des réponses de Duverney, insignifiantes en elles-mêmes, et qui n'avaient acquis un sens que par les lettres qu'il y avait adaptées après coup.

Il n'y avait là que de pures allégations ; l'inspection des lettres détruisait cet injurieux raisonnement ; les réponses de Duverney, quoique moins explicites naturellement que les demandes, ne pouvaient que s'y rapporter, elles n'y étaient pas *adossées*, mais se trouvaient à la suite l'une de l'autre sur la même page, la demande précédant toujours la réponse. Et enfin si ces lettres n'étaient pas réellement les réponses à celles auxquelles Beaumarchais prétendait qu'elles s'appliquaient, elles répondaient donc à d'autres lettres qui devaient se retrouver dans les papiers de Duverney. Pourquoi l'adversaire ne les présentait-il pas ?

Le procès engagé sur ces données en octobre **1771** devant le tribunal appelé alors *les requêtes de l'hôtel* fut jugé en faveur de Beaumarchais ; une première sentence, en date du 22 février **1772**, débouta La Blache de sa demande en rescision, et un second jugement, qui intervint le 14 mars de la même année, ordonna l'exécution du règlement de comptes.

La Blache ne se laissa pas décourager par cet échec, il appela immédiatement de ces décisions devant la juridiction supérieure qu'une ordonnance royale venait de mettre à la place des anciens Parlements, et profita du moment *qu'une lettre de cachet tenait* son adversaire *sous la clef à réfléchir sur le danger des liaisons disproportionnées* (1), pour poursuivre sans relâche le ju-

(1) Beaumarchais avait eu une liaison avec une actrice, Mlle Menard, que fréquentait aussi le duc de Chaulnes. Une discussion survint entre les deux rivaux. Le tribunal des maréchaux de France se saisit de l'affaire et envoya un garde à chacun des adversaires. Beaumarchais, ayant été accusé d'avoir enfreint *ses arrêts,* fut envoyé prisonnier au Fort-l'Evêque.

gement de son appel ; il faisait plaider et sollicitait les juges, tandis que Beaumarchais était en prison ; il ne lui épargnait même pas les invectives, il l'appelait *un monstre achevé, une espèce vénimeuse dont on devait purger la société*, et lorsque le comte parlait ainsi, son opinion était presque universellement adoptée ; la faveur à laquelle Beaumarchais avait su atteindre à force d'adresse et de bonheur, la fortune qu'il avait acquise par son intelligence et son travail, en un mot ce renversement des lois ordinaires qui avait fait de lui un homme privilégié, avaient éveillé à son détriment des jalousies, des soupçons outrageants ; la médisance devint bientôt calomnie.

C'est en vain *qu'accompagné d'un garde*, il passait la journée à aller voir ses juges, à solliciter pour obtenir des audiences de son rapporteur qui ne voulait pas lui en accorder ; le discrédit dans lequel il était tombé le suivait partout.

Goëzman, conseiller au Parlement présenta son rapport ; il concluait à l'annulation de l'arrêté des comptes par des motifs assez frivoles et qui devaient tomber devant une discussion sérieuse. Il alléguait que Paris Duverney confiait trop facilement ses blancs seings et que Beaumarchais pouvait en avoir abusé pour y adapter cet arrêté. Pour qui connaissait l'exactitude du célèbre financier, surtout en ce qui touchait ses intérêts pécuniaires, un pareil soupçon était ce qu'on pouvait avancer de plus improbable. Le rapporteur ajoutait que cet acte ne pouvait pas être regardé comme sérieux entre les deux contractants, puisque toutes les sommes y étaient écrites en chiffres ; ce motif était spécieux, car il n'y avait qu'à examiner la première page de la pièce incriminée pour se convaincre que toutes les sommes y étaient plusieurs fois relatées en toutes lettres. Il objectait encore que la déclaration de 1733 exigeait que l'écriture d'un acte semblable fût approuvée de la main de celui qui n'avait fait que le signer et le dater, sans considérer que l'acte et les deux contractants se trouvaient dans l'exception portée par cette même loi.

Après l'audition de ce rapport, en présence des circonstances particulières propres à faire une certaine impression sur des juges fortement prévenus par les bruits publics répandus depuis quelque temps sur Beaumarchais, les magistrats crurent devoir réformer le jugement; *ils opinèrent du bonnet*, dit Goëzman, et, le 6 avril **1773**, fut rendu l'arrêt déclarant nul et de nul effet un acte fait librement entre deux majeurs, sans qu'il fût *besoin de lettres de rescision*, formalité qui était cependant indispensable, lorsqu'on attaquait une convention pour cause de dol, de surprise, de violences et d'erreur.

Le Parlement, en écartant ainsi cette question, prenait un détour qui devait atteindre profondément la considération et l'honneur de Beaumarchais, car il ne tendait à rien moins qu'à le déclarer faussaire, quoiqu'il n'y eût contre lui aucune inscription de faux. L'arrêt n'osa cependant pas adjuger à Falcoz de La Blache, comme celui-ci le demandait dans des conclusions formelles, tout le passif de l'arrêté de comptes déclaré nul, l'injustice eût été par trop criante, mais il condamnait Beaumarchais à payer les 53,500 livres de créances annulées par la convention, les intérêts de ces créances pendant cinq ans et les frais du procès. Non-seulement, cette décision venait de porter une profonde atteinte à la réputation de Beaumarchais, mais jetait encore du désordre dans sa fortune; son adversaire triomphant ne lui avait laissé ni repit, ni trêve, et s'était empressé de faire saisir et garder tous ses biens par des hommes à *hautes armes.*

Au milieu de ces inquiétudes et de ces embarras, surgit du procès qu'il venait de perdre, un nouveau procès qui, loin d'achever sa ruine, comme on devait s'y attendre, le sauva et le fit passer de l'état d'abjection et de malheur, où, pour employer ses propres expressions, *il se faisait honte et pitié* à lui-même, à l'état de triomphateur d'un Parlement et de favori d'une nation.

Je veux parler de la lutte qu'il soutint contre son rapporteur, le conseiller Goëzman.

Beaumarchais avait en vain sollicité des audiences, sans jamais pouvoir arriver jusqu'à lui. Cent louis et une montre ornée de brillants, donnés à M$^{me}$ Goëzman, lui ouvrirent les portes du magistrat, qui tenait en ses mains la perte ou le gain du procès. Après le jugement, qui donnait gain de cause à La Blache, les cent louis et la montre furent rendus. Mais Beaumarchais prétendit qu'on avait oublié de lui restituer quinze louis donnés en surcroît de cadeau. Le conseiller Goëzman l'accusa alors hautement de calomnier sa personne, après avoir tenté de corrompre sa justice. Cette grave accusation, qui pouvait entraîner contre lui, si elle était prouvée, les conséquences les plus fâcheuses, rendit Beaumarchais capable de défendre seul sa cause contre ces haines tout à la fois secrètes et furieuses, qui ne visaient à rien moins qu'à le perdre entièrement. L'énergie de son caractère redoubla parmi tant d'obstacles. L'indignation lui dicta, si j'ose m'exprimer ainsi, ces *Mémoires*, chefs-d'œuvre de plaisanterie où la satire la plus amère s'unit à la dialectique la plus pressante, écrits qui eurent pour résultat de mettre en lumière toute la verve comique dont la nature l'avait doué, de le replacer sur le chemin de l'immense fortune dont il venait d'être dépouillé, et de faire de lui pour un moment l'homme le plus célèbre, le plus populaire de son pays et de son temps.

En l'absence d'événements plus importants, Paris entier, la France et on peut même dire l'Europe eurent les yeux fixés sur lui et son procès.

Devant ce revirement de l'opinion publique, le Parlement se trouva embarrassé ; il n'osait pas condamner Beaumarchais et ne voulait cependant pas sacrifier entièrement un de ses membres ; il crut satisfaire à toutes les exigences en rendant un arrêt de transaction, qui donnait tort à toutes les parties, admonestant les unes, condamnant les autres à l'amende, décidant enfin que Beaumarchais *serait mandé à la chambre, pour, étant à genoux, y être blâmé.* Mais celui-ci avait depuis si longtemps gagné sa cause tout entière devant le public, que le Parlement eut mauvaise grâce à vouloir la lui faire perdre en partie. Sa popularité ne fit que s'accroître, tout Paris le félicita, un prince du sang lui-même (1) voulut honorer un *si grand citoyen et donner l'exemple de*

(1) Le prince de Conti.

*la manière dont on devait traiter un homme qui
avait si bien mérité de la France.*

Sur ces entrefaites, une ordonnance royale, cédant en
cela à la pression de l'opinion publique, venait de prononcer l'abolition du Parlement Meaupou (1774).

Beaumarchais ne laissa pas échapper une occasion si
favorable pour lui de faire annuler la première sentence,
qui le condamnait si injustement au profit du comte de
La Blache.

Il présenta requête pour demander la réformation de
l'arrêt qui avait déclaré nul l'arrêté de comptes, sans qu'il
fût besoin de lettres de rescision. Il y soutenait qu'aux
yeux de la loi, c'est la disposition la plus générale d'un
acte qui en détermine l'essence, et que celui dont il
s'agissait étant un arrêté de comptes et non une transaction, la déclaration de 1733 n'y était par conséquent pas
applicable.

Le conseil d'Etat privé du roi, tenu à Versailles le
23 janvier 1775, admettant ce moyen, cassa l'arrêt du
Parlement de Paris et renvoya « au Parlement d'Aix pour
« être fait droit aux parties, ainsi qu'il appartiendra, lui
« attribuant à cet effet sa majesté, toute cour, juridic-
« tion et connaissance qu'elle a interdites à ses autres
« cours. »

A l'époque où commence le procès d'Aix, les circonstances étaient bien changées pour Beaumarchais depuis
le jour où, prisonnier au Fort-l'Évêque, plaidant en 1773
pour son honneur et sa fortune contre un maréchal de
camp, il se voyait écrasé sous l'influence de M. de La
Blache, vaincu sans avoir pu combattre, ruiné, désho-

noré, puis condamné *au blâme*, frappé de mort civile, sans qu'une voix se fût élevée en sa faveur.

En 1777, réhabilité de la sentence rendue contre lui par le Parlement Meaupou, jouissant du brillant *succès du Barbier de Séville*, on le voit investi de la confiance du gouvernement, devenir l'agent et le correspondant de deux rois et de leurs ministres, s'acquitter des plus difficiles missions avec une telle habileté, une telle prudence que Louis XVI, assez peu disposé à se servir des gens qui avaient eu quelque crédit à la Cour de son aïeul, l'honora cependant de la même confiance, le chargea d'une autre mission qui exigeait encore plus de circonspection et lui donna un billet écrit de sa main pour lui servir de lettre de créance.

Beaumarchais pouvait se considérer dès lors comme un homme qui est désormais en mesure de vaincre la mauvaise fortune ; il n'était cependant pas dégagé de toutes les entraves du passé. Ce premier procès civil contre le comte de La Blache qui avait été l'origine de ses tribulations et de sa célébrité subsistait toujours et au milieu de ses succès et de ses triomphes tenait en échec sa fortune et son honneur. L'homme de confiance du ministre, celui qui était sorti victorieux d'une lutte violente contre un Parlement était toujours sous le coup d'une sentence inique qui le déclarait indirectement faussaire et mettait ses biens à la discrétion d'un ennemi.

Le comte de La B'ache, voyant grandir rapidement le crédit de son adversaire, pressait de toutes ses forces la solution définitive de son procès. Beaumarchais y mettait moins d'empressement ; occupé d'organiser une opération importante (1) et d'obtenir réhabilitation au criminel, il ne voulait vider l'incident civil qu'après avoir bien assuré sa situation et s'être ménagé tous les moyens de lutter avec avantage contre un maréchal de camp, riche, opiniâtre et remuant.

La décision du conseil d'Etat portait la discussion sur un autre terrain ; il s'agissait maintenant pour le comte de La Blache de demander des lettres de rescision et d'en faire prononcer l'entérinement par le Parlement, en s'appuyant sur le dol, la fraude, la surprise ou la lésion.

Il partit pour Aix, et dès son arrivée il fit distribuer à profusion une consultation, dans laquelle, reprenant encore le système d'attaque employé à Paris, il n'usait que des moyens d'inscription de faux tout en plaidant au civil (2). Le règlement de comptes, les lettres produites étaient, comme je l'ai dit, déclarés faux sur de simples allégations. L'acte était qualifié *de machination difficile et mal ourdie, ouvrage du dol, de la fabrication ou de la surprise*, sa forme, ce qui en faisait l'objet, son résultat, tout était trouvé étonnant, contraire au caractère de Pâris Duverney, à ses principes, à ses lumières, à sa conduite ordinaire, à la nature de ses relations avec son protégé, de sorte que pour donner quelque apparence

(1) Il avait reçu secrètement du ministre des affaires étrangères une subvention d'un million pour fonder une maison de commerce destinée à approvisionner les colonies américaines insurgées contre l'Angleterre.

(2) Je dois communication des consultations et mémoires produits dans le procès par les deux parties, à l'obligeance d'un de nos confrères, M. Ch. de Ribbe, qui s'occupe avec un soin tout particulier de ce qui touche à l'histoire de Provence.

d'authenticité à cet acte, celui-ci devait avoir inventé des liaisons secrètes avec son bienfaiteur, supposé une grande familiarité entre eux et forgé des preuves à l'appui de ses affirmations.

Cette consultation, où l'on portait en outre contre Beaumarchais l'accusation de s'être emparé de la signature d'un vieillard, par dol et par fraude, à son lit de mort, était de nature à soulever sa juste colère et à exciter au plus haut degré sa verve comique.

Mais, tout entier à l'affaire d'Amérique et pensant d'ailleurs avoir suffisamment réfuté ces allégations dans les mémoires produits contre Goëzman, il crut plus prudent de garder lui même le silence ; cependant, pour ne pas laisser sans réponse de pareilles calomnies, il chargea son avocat de faire paraître une consultation, dans laquelle il n'était question que du fond de l'affaire et l'on ne se permettait rien qui sentît la personnalité.

« Ce procès, disait-il à ses conseils, est si clair et le
« comte de La Blache a payé si cher le mal qu'il a voulu
« me faire, que je ne dois pas chercher à renouveler sa
« peine. Occupons-nous seulement à gagner le procès.
« Dans ma position, le bruit et l'éclat m'importuneraient
« beaucoup : des raisons froides et simples, une discus-
« sion forte et légale, telle est la production que je désire
« uniquement de vous. »

Le silence de Beaumarchais et la modération qu'il avait montrée jusqu'alors enhardirent le comte, qui se persuada que ses imputations avaient été laissées sans réplique et lui firent presser la solution définitive de son affaire, et au moment où les plaidoiries allaient commencer, il produisit une nouvelle consultation intitulée *Analyse*, qui n'était que la répétition de celle qu'il avait apportée en 1776 et dont il avait alors inondé la Provence. Cette consultation, destinée seulement à éclairer la religion des juges, avait été tirée à un petit nombre d'exemplaires, mais plus tard on en répandit trois ou quatre mille avec autant de profusion que d'affectation.

Cette nouvelle attaque imposait à Beaumarchais l'obligation de détruire dans la population d'Aix les fâcheuses impressions qu'y avaient produites les ruses et les discours calomnieux de La Blache, s'il ne voulait pas perdre la popularité dont il jouissait en ce moment. En Provence, son procès était d'ailleurs peu connu, ses liaisons avec Duverney étaient ignorées de tous et chacun était frappé de l'air d'assurance avec laquelle le comte le poursuivait. Il importait donc à son honneur d'empêcher son adversaire de profiter plus longtemps de l'avantage qu'il avait acquis sur lui en prenant l'offensive.

Il publia à cet effet LA RÉPONSE INGÉNUE DE PIERRE-AUGUSTIN CARON DE BEAUMARCHAIS A LA CONSULTATION INJURIEUSE QUE LE COMTE JOSEPH-ALEXANDRE FALCOZ DE LA BLACHE A RÉPANDUE DANS AIX, portant pour épigraphe ces paroles du prince de Conti : *Beaumarchais payé ou pendu*, paroles qui résumaient toute l'affaire et que celui-ci acceptait volontiers, parce qu'elles indiquaient les conséquences inévitables où devaient le conduire le gain ou la perte de son procès.

« Un colporteur échauffé, dit-il en commençant, frappe
« à ma porte et me remet un Mémoire en me disant :
« M. le comte de La Blache vous prie, Monsieur, de vous

« intéresser à son affaire. — Eh ! me connais-tu, mon
« ami ? — Non, Monsieur, mais cela ne fait rien : nous
« sommes trois qui courons de porte en porte, et notre
« ordre est de ne pas même oublier les couvents ni les
« boutiques. — Je ne suis pas curieux, ami, je te rends
« grâce. — Ah ! Monsieur, acceptez, je vous prie : je
« suis si chargé ! Voilà bien du monde qui refuse ! — A
« la bonne heure : et toi, prends ces huit sous pour ta
« peine et ton présent. — Ma foi ! Monsieur, ça ne les
« vaut pas... Il court encore, et je me renferme. »

Vous n'attendez pas, Messieurs, que j'essaie un pâle
résumé de cette œuvre impérissable que l'on relit avec un
plaisir toujours nouveau, et encore moins que j'y suive
les développements qui y furent donnés à toutes les questions de droit et à tous les points de fait. Il me suffira de
vous citer les passages les plus saillants qui font si bien
apprécier la manière d'écrire de Beaumarchais et les
moyens qu'il emploie pour son entière justification devant le Parlement de Provence.

Dans ce mémoire, il s'y montre sous son véritable
jour, tel qu'il a toujours été dans les circonstances les
plus sombres et les plus douloureuses de sa vie, avec une
sérénité parfaite, une gaieté intarissable et imperturb-
able, gaieté franche et vive, pas toujours irréprochable
sous le rapport du goût, mais toujours empreinte de cette
verve mordante qui tient au naturel plus qu'au bel
esprit.

Vous venez de voir comment, dès le début, il dévoile
les moyens employés par son adversaire pour jeter dans
le public du doute et de la défaveur sur sa moralité. Ce

n'est plus un procès d'argent qu'il soutient, il plaide pour
son honneur entièrement engagé dans cette lutte, et c'est
pour en sortir victorieux qu'il repousse avec tant de courage et de fermeté, disait-il, « les insinuations de dol, de
« fraude et de surprise accumulées sans preuve et surtout
« l'odieux plaidoyer de celui qui ne craint pas d'exiger
« ouvertement, pourvu qu'il ne soit pas contraint d'ac-
« cuser juridiquement. »

Le point essentiel du procès consistait pour Beaumarchais à constater la familiarité qui avait existé entre lui et
Pàris Duverney, les rapports d'affaires que cette amitié
avait fait naître, et leur liaison secrète et presque mysté-
rieuse.

La première partie de son Mémoire, intitulée: *Moyens
du sieur de Beaumarchais*, est destinée à prouver ces
relations intimes ; les preuves en étaient tellement nombreuses, que depuis longtemps déjà il aurait pu fermer la
bouche au comte, si un sentiment de filial respect pour les
dernières volontés de son protecteur ne l'avait empêché
de les faire connaître ; ces preuves consistaient dans
la production de nombreuses lettres familières et des billets mystérieux étrangers à l'acte du 1ᵉʳ avril, de manière
à forcer l'adversaire lui-même à convenir par l'analogie
de la forme, du style et des envois que cette façon de
correspondre avait été constamment adoptée par Duverney et lui. De plus, dans leur correspondance publique,
le style dont celui-ci se servait avec son protégé, bien
loin, comme le soutenait La Blache, d'être froid, sévère,
ou dédaigneux, indiquait au contraire de sa part des sentiments de sincère affection, d'estime, de considération

et même de reconnaissance. Dans la correspondance secrète, ce qui caractérisait le commerce libre et dégagé
qui existait entre eux, c'est que celui qui répondait se
servait des mêmes tournures et employait le même style
que celui qui avait écrit le premier.

« Ainsi, dit Beaumarchais, lorsque M. Duverney
« m'écrivait, si pour mieux envelopper ses idées, il
« déguisait son style et sa main sous le voile d'une
« femme écrivant à son ami, cette espèce de chiffre ou
« d'hiéroglyphe, si clair pour moi, devenait tellement
« obscur pour tout autre, que lorsque j'avais répondu
« sur le même papier d'un style analogue au sien, en
« supposant le commissionnaire infidèle ou négligent,
« il était impossible à tout autre que nous de deviner de
« quoi il s'agissait. Et c'est, Messieurs, par de tels
« moyens, avec des commerces ainsi déguisés, que les
« politiques de tous les temps ont voilé les secrets de
« leurs correspondances intimes, aux curieux, aux es-
« pions, aux ennemis et même aux légataires universels. »

Ils employaient parfois ce qu'ils appelaient leur *style
oriental*. On lit, en effet, dans une lettre datée du
15 juin 1770 :

« Un peu de notre style oriental pour égayer la matière :
« Comment se porte la *chère Petite* ? Il y a longtemps
« que nous nous sommes embrassés. Nous sommes de
« drôles d'amants ! Nous n'osons nous voir, parce que
« nous avons des parents qui font la mine, mais nous nous
« aimons toujours. Ah ça, ma petite ! je vous ai rendu
« lettres et portrait ; voudriez-vous bien faire de même ?
« A la fin, je me fâcherai. Autre article : depuis la grande

« pancarte : cette pancarte, qui fait que de très enche-
« vêtrés que nous étions, nous ne sommes presque plus
« rien l'un à l'autre, j'ai eu affaire avec quelques fleuris-
« tes qui commencent à me presser pour les fleurs que je
« leur ai promises. La petite sait bien que, dans l'origine,
« le mot fleurette signifiait une jolie petite monnaie, et
« que compter fleurettes aux femmes était leur bailler de
« l'or ; ce qui a tant plu à ce sexe pompant qu'il a voulu
« que le mot restât au figuré dans le galant Dictionnaire.
« Je voudrais donc que la petite me comptât fleurettes
« sur l'article de la balance de la grande pancarte et
« qu'elle m'en composât un beau bouquet ; les fleurs
« jaunes sont d'un usage plus commode. Ces jolies fleurs
« jaunes, à face royale, que nous avons tant fait troter pour
« le service de la petite, autrefois !... Je ne la taxe pas
« pour la grosseur du bouquet ; je connais sa galanterie.
« Mais lundi, c'est le jour de la fête où ce bouquet doit
« passer aux fleuristes. La petite veut-elle bien dire
« quand je pourrai envoyer chez elle ? »

Il m'a paru très utile de rapporter en son entier cette
lettre, postérieure à l'acte du 1er avril, parce que sa production pour la première fois devant le Parlement de
Provence fut d'un grand poids dans la décision qui intervint. Les magistrats virent que Beaumarchais disait
vrai, lorsqu'il affirmait qu'entre son bienfaiteur et lui il
existait deux sortes de correspondance : l'une respec-
tueuse, conçue dans des termes tels qu'étaient en droit
d'exiger un vieillard d'un jeune homme, celle-là était
destinée à devenir publique ; l'autre devait rester secrète,
parce que, les sujets qu'ils y traitaient se rapportant à

leur relations d'intérêt, elle pouvait éveiller les suscepti-
bilités d'un héritier trop avide.

Lorsqu'en effet on lit attentivement cette lettre, on
voit que rien au fond n'est plus sérieux sous ce ton badin
et ce style frivole ; on y reconnaît l'acte du 1er avril dont
les autres billets font aussi mention. — *Les lettres et
portraits rendus*, ceux qu'on réclame sont tous les titres
remis par Beaumarchais et ceux promis par Duverney ; la
*grande pancarte* n'est autre chose que l'arrêté de comptes. *Compter fleurette sur l'article de la balance* de
la grande pancarte n'a pas besoin d'explication, et on
comprend ce que signifient *ces jolies fleurs à face
royale que l'on a fait troter autrefois pour le service
de la petite*, dénomination sous laquelle Pàris Duverney
lui-même était désigné de son propre consentement, car
il répondit à cette lettre par ce billet : « Soyez demain à
« neuf heures du matin *chez la petite* ; elle vous offrira
« le *bouquet* de la fête de lundi. Ce n'est pas sans peine
« que l'on a rassemblé *les fleurs* les plus rares dans le
« moment présent. »

Dans la seconde partie de sa *Réponse ingénue*, démas-
quant *les ruses du comte de La Blache*, Beaumarchais
prend son adversaire à partie, et dans quelques pages
vraiment éloquentes, où l'on sent l'indignation d'un
honnête homme accusé par un autre qui ne suit d'autre
inspiration que celle de sa cupidité, il dévoile les moyens
que son adversaire a employés pour mettre le vieillard
mourant dans l'impossibilité de revenir sur ses dernières
dispositions prises dix ans auparavant.

Il plaint alors la destinée des vieillards livrés à leurs

collatéraux, terrible mais juste punition de celui qui, dédaignant tout à la fois les aspirations de la nature et les institutions sociales, s'éloigne du mariage et vieillit dans le célibat.

« Son âme s'attriste et se consterne à mesure qu'i
« sent l'asservissement augmenter, l'esclavage s'appe-
« santir. En vain, il voit son avide héritier éloigner ses
« amis, gagner ses valets, ses gens d'affaires, et tout
« corrompre autour de lui ! Que lui servirait de s'en
« plaindre et de l'en punir par l'adoption d'un autre ? Il ne
« ferait que changer de tyran ! Il aperçoit dans tous l'im-
« patience de sa destruction. Lui-même, hélas ! l'infor-
« tuné n'a plus la faculté d'aimer aucun de ceux qu'il se
« voit forcé d'enrichir ! Enfin, dégoûté de tout, il gémit,
« se tourmente et meurt désespéré !

« Amants du plaisir, amis de la liberté, imprudents
« célibataires, que ces deux noms *La Blache* et *Duverney*
« vous restent dans l'esprit et vous servent de leçon !
« C'est le plus terrible exemple à citer d'un pareil asser-
« vissement ! Mais voulez-vous échapper à ces horreurs ?
« devenez pères : il le faut ; la nature en fait une douce
« loi dont l'expérience atteste la bonté. Pendant que tous
« les autres liens tendent à se relâcher, celui de la pater-
« nité seul se resserre et se renforce en vieillissant. De-
« venez pères ; il le faut. Cette vérité chère et sublime,
« on ne peut trop la répéter aux hommes ! Et le doulou-
« reux souvenir de mon respectable ami m'en rend le
« sentiment si vif en ce moment que je n'ai pu me refu-
« ser de le verser sur mon papier. »

C'est ainsi qu'au milieu de ses préoccupations personnelles, il ne laisse pas échapper l'occasion de toucher d'un trait à une de ces questions qui font encore de nos jours l'objet des méditations des moralistes et des philosophes.

Arrivant alors au procès que La Blache avait engagé dans le seul but de satisfaire sa vengeance et sa cupidité, Beaumarchais n'hésite pas à accuser à son tour son adversaire et appuie ses reproches sur des preuves irrécusables ; promesses de transaction pour endormir sa vigilance et le forcer au silence ; citations infidèles dans les consultations, changements dans les phrases, pour surprendre la religion des magistrats; articles de gazettes, menées sourdes, intrigues de société, visites en grand uniforme, petits propos à l'oreille, calomnies répandues, libelles diffamatoires (1), tout était employé *per li douna,* comme le disaient les habitants d'Aix dans leur langage expressif et imagé, *lou mouceou Margot et lou veire mesprisa coumo un tirassoun.*

Puis opposant soit une spirituelle moquerie, soit une colère légitime aux dédains de son adversaire, Beaumarchais lui conseille de ne pas trop se targuer dans leur procès de sa haute condition et de ses titres de noblesse.

« Qu'aviez-vous, sans votre généreux parent, de votre « chef? — Ma noblesse. — Eh! vous la traîneriez, « Monsieur, si son or ne l'avait pas richement rehaussée,

----

(1) La Blache faisait colporter et crier à Aix et dans toutes les villes du ressort de ce Parlement, *« à deux sous, la réponse véritable et remarquable de la demoiselle Deon à Monseigneur Caron Carillon, dit Beaumarchais.*

« et si tout son papier n'eût pas renforcé votre parche-
« min. »

«  . . . . . . . . . . . . . . . . . . . . . . . . . . . . . . . . . . . .
« On m'a rendu, Monsieur, que vous disiez dans Aix,
« avec ce dégagement dédaigneux d'un grand homme
« humilié du plus vil adversaire : ne suis-je pas bien
« malheureux, il n'y a qu'un Beaumarchais au monde, il
« faut que le sort me l'adresse. »

« Non, Monsieur le comte, non ; ce n'est pas le sort
« qui vous adresse ce Beaumarchais. Les deux serpents
« qui vous rongent le cœur, l'avarice et la haine, vous
« ont seuls mis sur les bras un redoutable adversaire...
« . . . . . Ce Beaumarchais, que vous ne feignez ici de mé-
« priser que pour masquer la frayeur qu'il vous cause, il
« ne vous cherchait pas, et votre sottise est de l'avoir
« méconnu en vous attaquant à lui! Mais voyez comme
« nous sommes loin de compte : pendant que vous êtes
« assez vain pour croire vous commettre en vous mesu-
« rant avec lui, pour ne pas payer quinze mille francs,
« il a la fierté de gémir de descendre à votre ton pour
« vous les demander ; et si son honneur n'était pour rien
« dans le procès que vous lui faites, il y a longtemps que
« le rôturier peu riche, humilié de plaider aussi long-
« temps contre vous pour un objet si méprisable, aurait
« jeté sa quittance au noble millionnaire qui l'aurait ra-
« massée. »

Je m'arrête, Messieurs, quelque plaisir que vous puis-
siez éprouver à écouter la lecture de ces mémoires qui
ont créé la réputation de Beaumarchais autant que ses
autres ouvrages, je dois me restreindre dans de justes li-

mites, car j'ai encore une assez longue carrière à parcourir. Toutefois, je ne laisserai pas la *Réponse ingénue* sans vous en lire les dernières lignes, qui expliquent la dénomination de *Procès du Tartare* que l'on donna à cette époque au procès dont je vous raconte les principaux incidents.

« Toujours nos différents caractères se sont peints
« dans nos différents procédés ! Grand homme de guerre
« et de calcul au Palais, vous n'y faites que trop bien la
« guerre de chicane ! Ainsi qu'un général a toujours un
« aide de camp avec lui, vous n'arrivez nulle part sans
« le vrai *Châtillon* (1) dans votre chaise ; et pendant
« qu'il court les études, pique les clercs, galope les
« huissiers, dicte et hâte les exploits, répandu dans la
« place, vous veillez, vous rôdez, vous glissez, vous ca-
« lomniez et partout vous minez et contre-minez. Puis,
« bien et prudemment escorté, vous n'avancez à l'ennemi
« que sous la contrescarpe ou le chemin couvert.

« Et moi, semblable au tartare, à l'ancien Scythe, un
« peu farouche, attaquant toujours dans la plaine, une
« arme légère à la main, je combats nu, seul, à décou-
« vert ; et lorsque mon coup siffle et part, échappé d'un
« bras vigoureux, s'il perce l'adversaire, on sait toujours
« qui l'a lancé, car j'écris sur mon javelot :

« Caron de Beaumarchais. »

(1) Solliciteur de procès que le comte de **La Blache** avait élevé à la dignité de compagnon d'armes à Aix.

Cet écrit était accompagné d'une consultation délibérée et signée par *Roman Tributiis*, *Pazery*, avocats, et *Mathieu*, procureur.

Une pareille vivacité dans la défense, les accusations qui y étaient portées, le bruit qui commençait à se faire dans Aix autour de Beaumarchais, l'empressement avec lequel le public l'avait lu, firent un moment regretter à La Blache d'avoir poursuivi plus longtemps cette lutte qui devenait de jour en jour plus inégale. Il était cependant trop engagé pour pouvoir reculer ; comprenant qu'il avait grand intérêt de reprendre l'offensive et de contre-balancer l'influence que la plume de son adversaire exerçait sur les têtes provençales, il s'entoura de ce que le barreau d'Aix avait de plus illustre et de plus capable, et enta un dernier effort pour amortir autant que possible les rudes coups qui venaient de lui être portés.

Il fit rédiger une consultation dans laquelle ses avocats cherchèrent à établir que leur client n'avait pas dû s'inscrire en faux contre le compte prétendu arrêté le 1ᵉʳ avril 1770, et que par conséquent l'acte devait être annulé par l'entérinement des lettres de rescision, comme *respirant de toute part un dol personnel et enormissime, dont les nouvelles productions du sieur de Beaumarchais ne font que multiplier les preuves.*

Je voudrais que les bornes de mon discours me permissent de citer en son entier cette consultation, où les principes du droit et les points de fait sont présentés avec méthode, clarté, précision ; on reconnaît chez le rédacteur la science des textes du Droit Romain et des ordonnances, une étude approfondie des autorités, en un mot tout ce dont la connaissance forme le grand jurisconsulte. Aucun de nous n'en sera surpris, cette pièce fut évidemment rédigée par Siméon fils ; elle porte, outre sa signature, celles de Siméon père, Desorgues, Barlet, Gassier et Portalis (1).

La communication en avait été faite seulement quelques jours avant le jugement, sans doute parce que le comte de La Blache comptait que ni Beaumarchais ni son conseil n'auraient le temps de la lire ni par conséquent d'y répondre. Mais l'autorité qui s'attachait au nom des avocats qui avaient signé la nouvelle consultation, pouvait faire craindre à Beaumarchais que son silence ne fût mal interprété dans le public; il se mit immédiatement à l'œuvre et, pendant que Roman Tributiis traitait les points de droit, il rédigeait un second Mémoire : LE TAR-TARE A LA LÉGION, dans lequel il rétablissait les faits erronés que son adversaire avait allégués à dessein. Son travail était si rapide qu'à mesure qu'il écrivait, *l'imprimeur lui enlevait les morceaux pour les enfourner tout chauds.*

Je dois mentionner encore, pour être complet, *la Réplique de l'étudiant en droit à la réponse de son professeur qui doit paraître aujourd'hui* signifiée par M⁰ Mathieu, procureur de Beaumarchais, lettre et réponse qui n'avaient jamais existé que dans l'imagination du rédacteur de la réplique et qui servaient de prétexte assez plaisant pour présenter aux juges, sous forme de discus-

_______

(1) Le barreau d'Aix, outre les avocats qui s'occupèrent de l'affaire, comprenait encore : Pascal, Julien, Arnulphy, Pascalis, Emerigon, Dubreuil, etc., etc.

sion entre un étudiant en droit et son professeur, une note chargée de textes du Digeste et du Code et remplie de citations d'auteurs anciens et modernes sur la question de savoir si dans ce litige il était nécessaire de s'inscrire en faux pour obtenir l'annulation de l'arrêté de comptes.

La Blache fit signifier à son tour par son procureur Carbonel ses *Observations sur la Réplique de l'étudiant en droit.*

Tandis que les hommes de lois, magistrats ou avocats, étudiaient dans le silence du cabinet ou soutenaient à l'audience ces questions de droit pur, le public d'Aix attendait avec impatience l'apparition du Mémoire que l'on imprimait. Il parut enfin le 19 juillet. Beaumarchais y portait le dernier coup à ses adversaires, « il les y « traitait en véritable tartare, dit une lettre du temps, si « ce n'est qu'il les plaisantat avec plus de gaîté qu'il n'y « en eut jamais dans toute la Scythie.

« Combien êtes-vous, écrivait-il, à m'attaquer, à for-« mer, à présenter, à signifier des requêtes, en lacéra-« tion et brûlure contre mes défenses légitimes ? quatre, « cinq, six, dix, une légion ! comptons.

« Premier corps : le comte de La Blache en chef, « six avocats au Parlement, un procureur.

« Second corps en sous-ordre : un solliciteur étranger, « Châtillon ; troupe de clercs ; troupe d'huissiers ; troupe « de recors jusqu'à Vincenti le docteur inclusivement, « etc., etc.

« Voilà ce que j'appelle une légion, qui demande et « sollicite la lacération et conflagration de mon Mémoire.

« Ne pouvant parler à tout le monde à la fois, je prends
« la liberté d'adresser la parole au chef en personne ;
« que les autres m'écoutent, s'ils veulent......... »

Puis, dans quelques pages éloquentes, pleines de fines
reparties et d'ironie amère, il maintient avec une audace
qu'il n'avait pas encore montrée, le droit, qui ne pouvait lui être sérieusement disputé, de se défendre contre
une accusation calomnieuse, même en traitant son ennemi avec dédain et mépris.

Et à ce propos, il demande que celui des deux qui
restera convaincu d'avoir calomnié l'autre perde la vie
avec l'honneur, « non pas s'il faut me pendre, ajoute-t-il,
« qu'on en doive faire autant dans le même cas au comte
« de La Blache : il est noble, dit-il, et ce n'est pas là
« son genre de mort. Mais, comme dit fort bien le pauvre
« *Bernardille*, lorsqu'il faut payer de sa personne, il
« importe si peu d'être allongé ou raccourci, que cela ne
« vaut pas la peine d'en parler. »

Il termine en repoussant avec force et sans ménage-
ment les conclusions du comte de La Blache tendant
à faire supprimer, lacérer et brûler par les mains du
bourreau les mémoires versés au procès.

« J'ai trouvé partout le mot *fripon* dans vos écrits ; je
« l'ai mis dans la balance, et j'ai reconnu qu'il pesait
« cent livres. Opposant pour contre-poids celui de *ca-*
« *lomniateur* dans les miens, j'ai trouvé qu'il n'en pesait
« que dix. Il n'y a point de parité, me suis-je dit. Aussi-
« tôt, changeant d'instrument, j'ai fait glisser le poids
« léger de *calomnie* au bout d'un levier composé, comme
« je l'ai dit, des circonstances très aggravantes, et j'ai

« gagné l'équilibre de cent livres : c'est le secret de la
« romaine, et voilà toute notre histoire.

« Maintenant donc, Messieurs, pourquoi faudrait-il
« nous brûler? On voit bien dans vos écrits de la cruauté,
« des platitudes et de la mauvaise foi : dans les miens,
« on y voit de la bonne foi, de la colère et quelques pla-
« titudes.

> « Mais après tout, il faut pourtant conclure
> « Qu'entre Messieurs Siméon père et fils,
> « Gassier, Barlet, Desorgues, Portalis,
> « Falcoz et moi tous *faiseurs d'écriture*,
> « *Aucun de nous n'est sorcier, je vous jure.* »

— Ces personnalités contre les avocats qui avaient en
main la défense des intérêts du comte de La Blache ne
sont malheureusement pas les seules qui se trouvent
dans les mémoires dont je parle. Je ne puis m'empêcher
de regretter que Beaumarchais, ébloui peut-être par la
popularité qu'il venait d'acquérir, se soit laissé aller à
des plaisanteries qui ne sont pas toujours de très bon
goût.

Je n'en veux rapporter que quelques exemples. A
propos d'une lettre citée en partie dans la consultation
pour La Blache, il dit : « S'il est toléré de mal écrire,
« ô avocat! il est ordonné de citer juste, ô honnête hom-
« me ! Et j'ose bien assurer que si vous aviez un père qui
« eût lu votre consultation, il se serait bien gardé de
« s'écrier dans sa joie, comme le juste Siméon : *Nunc*
« *dimittis servum tuum, Domine;* ou bien ce père-là ne
« serait pas difficile en consultation.

Plus loin, il écrit :

« M. le comte de La Blache, vous êtes bien contagieux!
« En honneur, vous empestez et bétifiez tout ce qui
« tourne à votre sphère ! »

Ensuite : »

« Il n'était pas besoin de vous mettre en légion pour
« faire de pareille besogne...... Lorsque vous m'avez
« tous passé au fil de la langue, il se trouve qu'il n'y a de
« blessé que l'oreille de vos auditeurs..............
« ... En écrivant ainsi, vous ne m'avez fait aucun mal ;
« vous n'avez trompé personne, et vous avez bercé votre
« client. Vous avez senti que toutes ces petites ruses de
« Palais seraient vertement relevées, si j'avais le temps
« de prendre la plume et vous vous y êtes livrés sans
« scrupule ; aussi votre ouvrage, fait à la hâte, un peu
« verbeux et sans esprit, comme les miens, est-il parfois
« jésuitique, obscur, louche et frisant la *ruse Blachoise*
« en quelques endroits ; mais, malgré cela, chacun dira
« toujours que c'est un ouvrage excellent. Quand je dis
« excellent, c'est-à-dire une œuvre peu honnête, encore
« moins réfléchie, d'un style sec et lourd, et qui, s'il ne
« satisfait pas les gens de loi, ne plaira pas davantage aux
« gens de goût. Mais qu'est-ce que le goût, Messieurs,
« à le bien prendre? un examen difficile, un jugement
« pur, exact et délicat des mêmes objets dont le com-
« mun des lecteurs jouit bonnement et sans réflexion.
« Mais quand la critique austère est partout substituée au
« plaisir innocent, l'honneur de ne se plaire à rien finit
« souvent par tenir lieu aux gens de goût du bonheur

« qu'ils avaient de se plaire à tout quand ils étaient moins
« difficiles. Faible dédommagement des jouissances qu'un
« trop rigoureux examen nous fait perdre ! Faisons donc
« quelque effort pour trouver cet ouvrage excellent : ils
« ont eu tant de mal à le faire, et cela est bien naturel,
« ils n'étaient que sept à le composer. »

Beaumarchais avait été traîné pendant six ans dans
la boue ; il avait été obligé de comparaître devant
toutes les juridictions, je comprends que, dans de
telles circonstances, son caractère se soit aigri, que ses
défenses aient été vives, produites avec chaleur, mais
cette chaleur devait avoir des bornes. N'avait-il pas, en
effet, à distinguer dans son procès deux catégories d'adversaires ? Le comte de La Blache, qu'il pouvait ne pas
ménager, et les avocats de ce dernier qui avaient toujours
observé dans leurs écrits ou leurs plaidoiries une très
grande modération.

Le barreau a droit à des égards ; la lutte doit se ressentir du respect que l'on doit aux juges et même au
public qui, en souriant du ridicule qu'un auteur plaisant
cherche à répandre sur tout ce qui tombe sous sa plume,
n'en condamne pas moins cette licence, lorsqu'elle est
désordonnée ; il y aurait en effet à craindre, si l'on pouvait employer cette tactique impunément, qu'elle n'eût
un trop grand nombre d'imitateurs et qu'en exerçant une
influence presque irrésistible sur ceux qui ont pour mission de rendre la justice, elle n'aggravât d'un trop lourd
fardeau la condition de ceux qui sont chargés de défendre les intérêts des autres.

Ces plaisanteries souvent déplacées, que l'on pouvait

jusqu'à un certain point tolérer chez Beaumarchais, lorsqu'à Paris, dans son procès contre le conseiller Goëzman, il n'avait trouvé aucun avocat pour le défendre, n'avaient pas leur raison à Aix. Car, lorsque La Blache arrivant dans cette ville se hâta de répandre un mémoire et de le faire signer par tous les avocats, pour que son adversaire ne pût produire aucune défense, faute de signature, les membres du barreau devinèrent cette manœuvre, et plusieurs d'entre eux refusèrent d'y prendre part en disant qu'il était juste que Beaumarchais pût trouver quelques défenseurs.

Au surplus, Messieurs, le ridicule, si dangereux pour la médiocrité, ne pouvait atteindre des hommes que leurs services, leur dévouement au pays et leurs qualités personnelles entouraient d'une haute considération : *Barlet*, de qui Mirabeau dit quelque part : *Il avait la tête d'un bœuf et l'esprit d'un aigle.*

*Desorgues*, qu'un accident imprévu (1) et terrible enleva au milieu de ses succès.

*Gassier*, avocat, *d'une éloquence irrésistible* (2), d'une présence d'esprit extraordinaire (3) et d'une ad-

---

(1) Les domestiques ne pouvant ouvrir un contrevent imbibé d'une forte pluie, il monta sur l'appui de la fenêtre. donna un violent coup de genou au contrevent qui céda à ce choc, mais Desorgues tomba sur le pavé, et il se tua. Sa maison était située dans la rue de l'Opéra. (*Les Rues d'Aix*, par Roux-Alphéran, t. II.)

(2) Cabasse, *Histoire du Parlement de Provence*, t. III.

(3) On lit dans l'ouvrage que je viens de citer de Roux-Alphéran : M. Gassier plaidait d'abondance et sur de simples notes ; l'on se rappelle encore à Aix qu'ayant défendu un jour la cause d'un client, moins dans l'intérêt de celui-ci que dans celui de son adversaire, et s'étant aperçu de son erreur, lorsqu'il allait finir.—« Voilà, Messieurs, s'écria-

mirable facilité à manier l'argumentation et les moyens
de faire triompher une cause : exemple de ce que peu-
vent dans notre belle profession le travail et la persévérance. Gassier, au commencement de sa carrière, connut
les inquiétudes d'un début malheureux et le décourage-
ment qui en est la suite ; grâce à une grande énergie de
caractère, il surmonta ces premières difficultés, et bientôt
des succès brillants couronnèrent ses efforts, succès dus
à un travail sans relâche, à un attachément inaltéra-
ble à sa profession et aux devoirs qu'elle impose, joint
aux plus heureuses dispositions de l'esprit et aux plus
belles qualités du cœur.

*Siméon* père, jurisconsulte éminent qui tenait son
rang parmi les illustrations dont alors était composé
le barreau d'Aix.

L'émule et l'ami de Portalis, *Siméon*, qui, jeune encore sut se créer une réputation au Palais, où il se dis-
tingua par une parole claire, facile, élégante qui n'était
que l'expression d'une raison solide et éclairée.

*Portalis*, l'une des plus grandes gloires de la Provence, qui, dès ses premiers pas dans la profession d'a-
vocat eut le rare bonheur d'avoir à lutter, en les égalant,

« t-il, tout ce qu'on peut objecter de plus fort contre ma partie, voici
« maintenant ce que j'ai à répondre en sa faveur. » — Détruisan
alors, une à une, les raisons qu'il venait de donner, il en invoqua de
nouvelles et de si puissantes qu'il gagna sa cause, quelques efforts
que pût faire l'avocat adverse.

L'auteur ajoute en note : « Cet exemple prouve, au milieu de tant
« d'autres, ce qu'on dit si souvent, que les avocats sont ordinairement
« de mauvais juges, habitués qu'ils sont à voir les affaires sous toutes
« les diverses faces. »

que dis-je, en les surpassant, contre deux des célébrités les plus surprenantes de la fin du dernier siècle : Beaumarchais et Mirabeau. — La nature avait richement doté Portalis ; facilité rare d'élocution, mémoire étonnante, science profonde du droit, intelligence prompte et élevée, imagination vive et colorée qui s'alliait très bien avec la droiture du jugement, tout était réuni en lui pour en faire un orateur à la fois brillant et persuasif. Sa carrière était faite au moment où les autres commencent à peine la leur. La hauteur de ses vues, l'étendue de ses connaissances, l'éclat de ses vertus l'avaient entouré dès l'âge de trente ans de la considération publique et recommandé à l'admiration de ses concitoyens.

Ces deux derniers avocats préludaient ainsi par de grands et légitimes succès devant le Parlement d'Aix à cette réputation de jurisconsulte et d'orateur qui allait bientôt les appeler sur une scène plus vaste ; là, ayant désormais à s'exercer sur de plus grands sujets, leur éloquence devait prendre un plus éclatant et plus sublime essor. Tous deux désignés par leur savoir et leurs talents pour coopérer très activement à notre immortel chef-d'œuvre de législation française, où ils écrivirent en caractères ineffaçables, dans l'intérêt de tous, les grands principes que Beaumarchais réclamait pour lui seul.

Pour nous, nous n'avons pas à hésiter : ceux de qui je viens de parler nous ont montré la route ; que leur exemple nous donne une légitime émulation, il est glorieux de suivre ceux même qu'on n'espère pas égaler ; ne nous laissons rebuter par aucun obstacle ; travaillons avec courage ; n'ayons qu'un but, la recherche de la vérité et son triomphe par de *bons et légitimes moyens* ; dès que nous nous trouvons chargés d'une cause qui nous a paru juste, nous nous devons tout entiers à notre client et la première de nos obligations est de le soutenir avec une invincible constance et l'indépendance qui est l'apanage de notre profession, contre son adversaire, quels qu'en soient le rang et la puissance.

— Pendant que se faisait cet échange de mémoires, de consultations, de dits et de contredits, l'affaire était disputée et examinée au Palais avec une attention toute particulière ; les questions de droit y étaient surtout traitées avec une clarté et une profondeur que l'on devait attendre de la part des avocats qui les plaidaient.

Le comte de La Blache était d'une activité prodigieuse et d'une excessive adresse ; tous les jours il sortait dès cinq heures du matin, allait chez tous les juges, courait chez ses six défenseurs.

Beaumarchais ne voulait solliciter personne, il pensait avec raison que si dans ce procès il imitait son adversaire, on ne manquerait pas de l'accuser de chercher à étayer un droit imaginaire par des influences étrangères. Quoique dans sa pensée c'eût été une lâcheté d'en user, s'il les avait eues sous la main, cependant il est vrai de dire que plusieurs avocats d'Aix, de leur propre mouvement, prenaient sa défense et prouvaient même par des écrits rendus publics qu'il avait pour lui la loi et les autorités de tous les commentateurs.

La seule faveur que demanda Beaumarchais fut de prendre la parole devant les juges ; cette faveur lui ayant été accordée, il leur parla pendant six heures ; sur sa prière, la même faculté fut donnée à son adversaire, qui se défendit le lendemain. Les séances furent intéressantes ; un auditoire nombreux y assistait. Mais le ton plein d'assurance, la manière franche d'exprimer les faits, et les bonnes raisons du *Tartare* ne pouvaient manquer d'impressionner les magistrats à la haute intelligence et à l'intègre impartialité desquels n'échappèrent pas les subtilités du comte de La Blache. Le terrain qu'il avait gagné depuis deux ans par sa consultation, et dans lequel il se maintenait depuis deux mois par ses visites, ses propos calomnieux, l'éclat de son uniforme, ses titres, il le perdit tout à coup par les réponses rigoureuses de Beaumarchais. Il ne lui restait plus qu'un faible parti composé de gens obstinément attachés à la noblesse et à ses intérêts.

Après une délibération qui dura toute la journée du 21 juillet 1778, l'arrêt fut rendu dans la soirée. En voici le dispositif, tel que je l'ai trouvé dans les archives du Palais de justice.

« La Cour, sans s'arrêter sur l'appel principal de La Blache, ni aux requêtes par lui présentées, ni à ses conclusions subsidiairement prises, et faisant droit aux requêtes et conclusions de Beaumarchais tendantes en suppression des mémoires communiqués par ledit de Falcoz et en demande de dommages-intérêts pour raison de l'inexécution de l'écrit privé du 1er avril 1770, a ordonné et ordonne que les mémoires communiqués par ledit de Falcoz de La Blache, tant en première instance qu'en cause d'appel, seront et demeureront supprimés ; condamne en outre ledit Falcoz aux dommages-intéréts, tant pour l'inexécution qu'en raison de la calomnie, lesquels dommages-intéréts la Cour a fixés à la somme de 12,000 fr.; condamne La Blache aux dépens, tant de première instance qu'en cause d'appel, auxquelles la Cour déclare avoir vaqué cinquante-sept *entrées* (séances), et de même suite, ayant aucunement égard à la requête incidente dudit de Falcoz de La Blache et à son ampliation de conclusions des 10 et 21 du présent mois de juillet, a ordonné et ordonne que le Mémoire intitulé *Réponse ingénue*, commençant par ces mots : *un colporteur échauffé*, et finissant par ceux-ci : *sur mon javelot* , avec la signature *Caron de Beaumarchais*, ensemble le second mémoire intitulé *le Tartare à la légion*, commençant par ces mots : *Combien êtes-vous, Messieurs*, et finissant par ceux-ci : *Je dois prendre en tous points le contre-poids de la sienne*, contenant cinquante-six pages, sera lacéré par un huissier de la cour à la porte du palais ; condamne ledit Caron de Beaumarchais à vingt livres d'amende, envers le roi et à trois mille livres de dommages-intéréts envers ledit de Falcoz de La Blache, applicables de son consentement aux hôpitaux généraux Saint-Jacques, la Charité et la Miséricorde de cette ville : permet audit de Falcoz de La Blache de faire imprimer le présent arrêt, en cette dernière partie, et de le faire publier et afficher dans toutes les villes et lieux du royaume où ledit Falcoz de La Blache trouvera bon, jusqu'à la concurrence de mille exemplaires, le tout aux frais dudit Caron de Beaumarchais , condamne ledit Caron de Beaumarchais aux dépens de cette qualité à laquelle la Cour déclare avoir vaqué deux *entrées*, et pourvoyant à la réquisition du procureur général du roi (1), a ordonné et ordonne que le Mémoire à consulter et consultations dudit Caron de Beaumarchais, précédé d'un avertissement et suivi d'un errata ci-devant supprimé par arrêt du conseil et communiqué par-devant la Cour, par ledit Caron de Beaumarchais, le 20 juin 1778, sera et demeurera rejeté du procès, et de même suite a ordonné et ordonne d'office que le Mémoire intitulé : *Observations sur la consultation du comte de La Blache*, signifié le 15 du présent mois de juillet, et signé *Roman Tributiis*, sera et demeurera supprimé. Et en cet état a renvoyé et renvoie les parties et matière aux requêtes de l'Hôtel, pour faire exécuter les sentences des 22 février et 14 mars 1772, ensemble le présent arrêt, suivant leur forme et teneur.

Délibéré le 21 juillet 1778.

Présents : M. le premier président ; M. le président de Lauris ; MM. de Beaurecueil, de Montvalon, de Balon, de Thorame, de Franc, de Lubières, de Cymon de Beauval, et nous Meyronnet de Saint-Marc, rapporteur. —»

L'arrêt fut reçu par les acclamations enthousiastes de la foule. Une lettre peu connue de Gudin, l'ami et le confident de Beaumarchais, lettre datée d'Aix le lendemain du jugement, dépeint avec quelle allégresse cette ville presque entière s'associa à la victoire de Beaumarchais. Cet écrit renferme des traits si expressifs et si vrais qu'on ne peut s'empêcher d'éprouver un vif plaisir en le lisant ; aussi je ne crains pas de fatiguer votre attention, en en

(1) Leblanc de Castillon.

mettant quelques fragments sous vos yeux. Vous y verrez
que si les temps sont changés, nos habitudes sont à peu
près les mêmes.

« Toute cette ville, qui subsiste de procès, était dans
« l'attente et dans l'impatience, les juges délibéraient, les
« portes du Palais étaient assiégées ; les femmes, les cu-
« rieux, les amateurs étaient sous une belle allée d'ar-
« bres, non loin du Palais, les oisifs remplissaient les
« cafés qui bordent cette promenade. Le Falcoz était
« dans un salon bien éclairé regardant sur cette allée,
« notre ami dans un quartier fort éloigné ; la nuit venait ;
« enfin, les portes du Palais s'ouvrent, ces mots se font
« entendre : *Beaumarchais a gagné !* mille voix les
« répètent, les battements de mains se propagent le long
« de la promenade, les fenêtres et les portes de Falcoz se
« ferment soudainement, la foule arrive avec des cris et
« des acclamations chez notre ami, les hommes, les fem-
« mes, les gens qu'il connaît et ceux qu'il ne connaît pas
« l'embrassent, le félicitent, le congratulent ; cette joie
« universelle, ces cris, ces transports, le saisissent, les
« larmes le gagnent, et le voilà qui, comme un grand
« enfant, se laisse aller dans nos bras et y reste évanoui.
« C'est à qui le secourra, qui du vinaigre, qui un flacon,
« qui de l'air ; mais, comme il le dit lui-même, les dou-
« ces impressions de la joie ne font pas de mal. Il revint
« bientôt....... Les tambourins, les flûtes, les violons se
« succédèrent avant et après le souper ; tous les fagots
« du quartier furent entassés et firent un feu de joie ; les
« gens instruits disaient en passant sous les fenêtres :

« Montrez Heraclius au peuple qui l'attend.

« Les dames qui étaient dans l'appartement, voulurent
« jouir de ce spectacle et obligèrent notre ami à s'appro-
« cher d'une fenêtre et à n'être pas modestement cruel
» pour un peuple qui lui témoignait tant de bienveillance.
« Les artisans de cette ville ont fait une chanson pour
« lui, en patois provençal, et sont venus en corps la lui
« chanter sous ses fenêtres. Tous les cœurs ont pris part
« à sa joie et tout le monde, enchanté, le traite comme
« un homme célèbre à la probité duquel on vient enfin
« de rendre la justice qui lui était due. »

Le soir même, Beaumarchais se rendit, pour le remer-
cier, chez M. le premier président des Gallois de la
Tour (1). Ce magistrat, qui se faisait remarquer par sa
modération et sa sagesse, et se distinguait par sa vigilance, ses talents et ses sentiments de dignité, lui repro-
cha sévèrement la vivacité de ses mémoires.

Beaumarchais lui répondit :

« ....... Dans la joie d'un arrêt qui élève mon cœur et
« le fait tressaillir de plaisir, j'espère que la Cour ne re-
« gardera pas comme un manque de respect, si j'ajoute
« aux mille écus ordonnés pour les pauvres, une pareille
« somme volontaire en leur faveur, pour qu'ils remer-
« cient le ciel de leur avoir donné d'aussi vertueux ma-
« gistrats. »

Cette demande lui fut accordée.

Le lendemain, le comte de La Blache engagea vivement
son vainqueur à consentir sans retard et sans autres frais

______

(1) Dernier premier président du Parlement de Provence, mort à
Paris en 1802.

à l'exécution amiable de l'arrêt qui le condamnait et auquel *il acquiesçait volontairement.*

La transaction fut signée à Aix le 31 juillet 1778.

Deux mois après (10 septembre 1778), Beaumarchais adressa une lettre aux gazetiers et journalistes de France, pour rectifier les versions dénuées de sens et les récits erronés qui avaient été faits de son procès dans les différentes publications de l'époque.

Tel fut, Messieurs, le procès que pendant six ans Beaumarchais soutint contre un adversaire des plus redoutables, procès qui, comme je l'ai dit, loin d'être pour lui désastreux, selon toutes les prévisions, rendit au contraire son nom célèbre dans toute l'Europe et lui fournit une éclatante occasion, en défendant ses propres intérêts et sa liberté, de revendiquer les droits du peuple.

La principale cause de ses succès peut être attribuée à l'imprévoyance de ses adversaires, qui ne surent pas deviner tout ce qu'il y avait dans son caractère d'obstination, d'esprit mordant, de genre comique, de puissance de pénétration. L'homme qu'ils attaquaient ainsi n'était pas un homme ordinaire ; fort de son bon droit, de son honnêteté, confiant dans sa fortune qui ne l'avait une fois abandonné que pour revenir plus favorable et plus brillante, jamais en reste avec ses ennemis déclarés, il savait opposer à des invectives qui n'étaient pas toujours spirituelles, les saillies d'une énergique moquerie, et faire ressortir plus fidèlement les nuances de vulgarité et de méchanceté qui distinguaient chacun de ses adversaires. En détruisant par la publicité donnée à ses mémoires les préventions répandues contre lui, il ramena les malveillants, désarma les envieux, se fit aimer des indifférents, en un mot intéressa tout le monde à sa cause.

J'ai abusé peut-être, Messieurs, de votre bienveillance, en exigeant de vous une trop longue attention ; mais mon excuse se trouve dans le désir bien légitime que j'avais de vous faire connaître dans ses moindres détails ce procès qui doit nous intéresser à de si justes titres. Il me reste encore à apprécier les mémoires de Beaumarchais, non pas au point de vue littéraire, ce qui n'est pas de ma compétence, mais par rapport aux conséquences sérieuses, immédiates, profondes que ses écrits et son procès eurent sur les réformes judiciaires et à l'influence qu'ils exercèrent sur le grand événement qui marque la fin du XVIII<sup>e</sup> siècle.

Pour moi, qui vous destinais mon travail, désireux de trouver, dans les mémoires que je lisais, autre chose que des modèles de plaisanterie ou d'éloquence, j'y ai rencontré à chaque pas le germe de quelques-uns des grands principes de justice ou d'humanité qui depuis ont passé dans nos lois, et je m'y suis fait une idée exacte du travail des esprits à cette époque, en fait de législation.

« Beaumarchais, dit fort bien M. Saint-Marc Girardin, « devenu par hasard au Palais le représentant de la phi- « losophie, exprime le vœu des opinions nouvelles. »

Pour un instant, il résumera en lui les besoins de destruction ou de réformation qui agitent son siècle, il appliquera avec une audace jusqu'alors inconnue le dissolvant de l'ironie à une forme sociale qui tombe de vétusté, et avec sa marotte et ses grelots il ouvrira le chemin à de plus inexorables démolisseurs. Cependant ni lui, ni ceux qui l'attaquaient n'avaient conscience du danger de ces attaques. On avait en ce moment, comme on l'eut plus tard, confiance entière dans l'avenir ; nul ne prévoyait cette révolution qui devait se montrer si impérieuse et si effrénée.

Il faut pourtant reconnaître que si Beaumarchais osa le premier proclamer des principes et revendiquer des droits indestructibles, il fut puissamment servi par les circonstances, je veux parler de la défaveur dans laquelle était tombé le Parlement Meaupeou ; discrédit que j'ai déjà indiqué et sur lequel vous me permettrez de revenir en quelques mots.

Des causes étrangères et particulières, que je n'ai pas à rechercher, étaient venues aggraver les mécontentements que les résistances des Parlements et leurs remontrances politiques avaient produits. Des principes de destruction s'étaient tout à coup accumulés sur leur tête.

Le Parlement de Bretagne avait été le premier foyer de ce nouvel incendie ; le Parlement de Paris en avait été la première victime.

Nommé au gouvernement de la Bretagne, le duc d'Aguillon s'y était fait remarquer par des procédés violents. Le Parlement protesta par l'organe de son procureur général La Chalotais. Des troubles et une lutte s'en étaient suivis. L'affaire était très grave ; aussi, le chancelier Meaupeou résolut-il de faire interposer l'autorité du roi pour calmer la querelle. Le Parlement de Paris fut investi, à cet effet, des attributions de la cour des Pairs.

Les séances commencèrent à Versailles au printemps de 1770. Mais sur ces entrefaites, cédant aux sollicitations pressantes des amis du duc qui lui insinuèrent que ce genre de discussion pourrait le contraindre à justifier ses propres ordonnances, se laissant aussi entraîner à son irrésistible penchant pour l'indolence, Louis XV décida que la cour des Pairs serait transformée en lit de justice qui se tint à Versailles le **27 juin 1770**. Le chancelier crut devoir exposer au nom du roi les motifs de cette résolution et finit en annonçant que, par la plénitude de sa puissance, le roi mettait un terme à toute procédure ultérieure et imposait un silence absolu sur toutes les accusations réciproques.

Le Parlement ne voulut pas supporter cet acte d'autorité ; il rendit des arrêts pour montrer son opposition ; le conseil du roi les annula, et de peur que le procès ne fût recommencé, les pièces qui composaient le dossier furent enlevées du greffe. Les magistrats, soutenus par quelques Parlements de Province, eurent alors la funeste résolution de cesser leurs fonctions. Cette démarche inconsidérée, bien loin de faire céder le roi, ne fit que hâter leur destruction générale, dont le chancelier avait tramé le projet depuis longtemps pour flatter la cour, en humiliant l'ordre judiciaire, *en retirant*, disait-il, *la couronne du greffe*.

Je l'ai dit, le Parlement de Paris fut frappé le premier ; ses membres, éveillés dans la nuit du **19 janvier 1771**, n'eurent d'autre alternative que de consentir à reprendre leur service ou à accepter les tribulations de l'exil. Une fermeté mal entendue leur fit prendre ce dernier parti ;

cette funeste résolution mit en émoi tous les Parlements du royaume et leur fit pressentir la triste destinée qui les attendait.

Au milieu de ces craintes, le Parlement de Provence fut le premier à protester énergiquement contre la décision qui venait de frapper la magistrature de la capitale (1). Le chancelier laissait dire et préparait en silence des mesures violentes pour confondre tous les Parlements dans une même disgrâce.

L'édit qui supprimait celui de Paris en lui substituant un conseil supérieur, qui fut appelé par dérision *Parlement Maupeou* et les lettres patentes qui transmirent à la compagnie le nom et les prérogatives de celle qu'elle remplaçait furent de nouveaux sujets de protestation pour les Parlements qui subsistaient encore.

Ils montrèrent leur mécontentement en frappant de réprobation et en considérant comme un attentat l'enregistrement de ces lettres.

Ces enregistrements ayant été dénoncés à la Cour d'Aix, elle se hâta de déclarer qu'ils étaient contraires aux lois fondamentales du royaume et fit en conséquence « inhibitions et défenses expresses aux sénéchaux, baillis « et juges du ressort d'accorder *pareatis* à aucuns man- « dements desdits prétendus Parlements et conseils su- « périeurs, comme émanés de gens qui sont en ce, sans « pouvoir et sans caractère. »

Un pareil acte de répressailles et de vengeance ne pou-vait qu'exposer le Parlement d'Aix à de terribles peines ;

(1) Voir de plus longs détails dans l'*Histoire du Parlement de Provence*, de Cabasse.

aussi fut-il compris dans la proscription générale. Il fut remplacé par les membres de la Cour des Comptes, tribunal qui depuis longues années avait été constamment en lutte avec lui ; circonstance qui contribua à rendre aux anciens magistrats leur disgrâce plus amère.

Ceux-ci, accompagnés des regrets de toute la population aixoise, quittèrent la ville au nombre de soixante-quinze, pour se retirer dans leurs terres, qui leur avaient été assignées comme lieu d'exil.

Briser ces corps redoutables et antiques, dont l'existence semblait inséparable de la monarchie, était une entreprise des plus hasardeuses. Le chancelier avait eu le soin de la colorer aux yeux des masses en l'accompagnant de quelques réformes importantes , réclamées depuis longtemps par l'opinion : l'abolition de la vénalité des charges, la distribution gratuite de la justice par la suppression des épices payées aux juges, la diminution des ressorts trop étendus par l'établissement des Cours souveraines plus nombreuses, de manière à rapprocher les justiciables des tribunaux chargés de les juger.

Mais les meilleures résolutions ne sont pas à l'abri de tout reproche et exemptes d'inconvénients, lorsqu'elles sont conseillées par la vengeance. Si la masse du peuple resta indifférente au coup d'Etat, toute la partie éclairée de la nation, qui réclamait des réformes plus importantes, refusa d'accepter quelques avantages de détail d'un ministère qui n'avait pas ses sympathies et se prononça énergiquement en faveur de la magistrature détruite, avec laquelle au moins on avait des remontrances publiques, et une indépendance assurée, qui servaient de contre-poids au pouvoir absolu de la couronne. Le public ne voulut pas de cette meilleure justice qu'on lui donnait aux dépens des derniers restes de ses libertés. Et ce fut bientôt un déchaînement de fureurs, de sarcasmes et de pamphlets contre le roi, sa maîtresse, Meaupou et le nouveau Parlement.

Cependant le chancelier, comptant sur la mobilité française, opposait la persistance aux clameurs. Il ne se trompait pas. On se lassa bientôt de crier, et les nouveaux magistrats croyaient toucher aux termes de leurs tribulations, lorsque Beaumarchais ralluma l'étincelle par ses écrits contre Goëzman.

C'est en touchant dans ses Mémoires au Parlement Meaupou avec une habileté audacieuse et prudente à la fois, mêlée d'allusions transparentes et de réticences meurtrières, qu'il se trouvait tout à coup l'organe des colères et de la rancune, et en quelque sorte le ministre des vengeances de l'opinion contre le coup d'Etat qui avait détruit l'ancienne magistrature.

Dans ces circonstances, il pouvait être hardi impunément. Aussi, avec quelle audace ose-t-il le premier proclamer ces grands principes dont chacun sentait la nécessité, sans cependant élever la voix pour les réclamer : l'égalité de tous devant la loi, la publicité des débats, la libre défense des accusés, le contrôle salutaire et permanent de l'opinion.

L'opinion ! puissance presque inconnue, que Beaumarchais sut deviner et sous la protection de laquelle il eut l'heureuse idée de se placer ; c'est à elle qu'il confia son honneur comme un dépôt, alors que les esprits les

plus clairvoyants doutaient encore de ce pouvoir nais-
sant. Pour obtenir l'intérêt, il suffit bien souvent d'être
malheureux et accusé ; mais pour que l'opinion réponde
à l'appel d'un homme qu'elle ne connaît pas ou qu'elle
ne connaît que défavorablement, il faut non-seulement
que cet homme sache attirer les lecteurs, les retenir et
surtout les amuser, mais encore qu'il les persuade, les
attendrisse, se fasse aimer d'eux ; or il n'y parviendra
qu'en mettant en cause avec lui les droits de l'humanité.
Beaumarchais délaissé de tous, accusé par les uns, mé-
prisé par les autres, se relève avec un mot ; il se dit citoyen, citoyen persécuté, aux prises avec un homme puissant ; sous ce nom, il réclame devant les tribunaux une
justice qui doit être égale pour tous. En entendant ce
langage, le public se ravise. Que Beaumarchais soit li-
bertin, favori de cour, auteur bouffon, qu'il soit dépeint
comme un homme dangereux, insolent, ne méritant ni
estime, ni considération, peu importe ! Il est citoyen, et,
à ce titre, sa cause intéresse toute la nation.

Ce mot bouleverse les idées reçues. Au bon vieux
temps, il était rare de voir dans un accusé autre chose
qu'un *gibier de potence* que le juge regardait avec mépris, le public avec indifférence ou horreur. C'est en re-
vendiquant sur la sellette même des accusés le titre de
citoyen, en y prenant et gardant son rang, que Beaumarchais eut la gloire d'apprendre au public que si le juge
a sa dignité, l'accusé, dans certains procès (1), peut aussi
avoir la sienne, qu'en tous les cas jusqu'à sa condamna-

(1) Les procès politiques et les procès en diffamation par exemple.

tion il est citoyen, et a droit, comme tel, aux respects de
tous, et qu'une fois condamné, même en subissant son
châtiment, il n'en est pas moins homme, digne de notre
commisération. Ce sont ces causes qui ont rendu, depuis
notre grande Révolution, la justice plus solennelle et les
droits de l'accusé plus sacrés.

Mais il ne suffit pas à Beaumarchais d'avoir confiance
dans la puissance de l'opinion, il devra aussi l'éclairer.
C'est alors qu'il se dégagera de tous les règlements qui
exigent le secret dans les procédures criminelles, qu'il
combattra la routine, qu'il donnera de la publicité *aux
interrogatoires, aux confrontations et aux recole-
ments*, et introduira partout la lumière. Et à ceux qui lui
feront le reproche d'instruire le public de son affaire, il
répondra : « Je ne ferai pas à mon siècle l'injure de le
« croire assez avili pour être indifférent sur ce qui touche
« ses magistrats. La nation, à la vérité, n'est pas assise
« sur les bancs de ceux qui prononceront, mais son œil
« majestueux plane sur l'assemblée. C'est donc toujours
« un très grand bien de l'instruire ; car si elle n'est
« jamais le juge des particuliers, elle est en tout temps le
« juge des juges ; et loin que cette assertion, que j'ai déjà
« osé imprimer en d'autres termes, soit un manque de
« respect à la magistrature, je sens vivement qu'elle doit
« être aussi chère aux bons magistrats que redoutable
« aux mauvais. »

Ecoutons-le encore, réclamant l'égalité de tous devant
les lois et la justice.

« Laissons de côté la distinction des grades et des
« rangs ; laissons les petites ruses qu'elle enfante, les

« productions sourdes qu'elle attire, les séductions de so-
« ciété qu'elle occasionne. Si tout cela ne s'anéantissait
« pas devant les tribunaux, si les prérogatives du grade
« ou du crédit y pouvaient influer sur le juste ou l'injuste,
« un particulier dénué, s'y battant contre un noble, au-
« rait toujours en face un ennemi plastronné. »

Beaumarchais ne se contente pas de proclamer l'égalité devant la loi et d'introduire au Palais le salutaire
principe de la publicité ; il combat encore les méthodes
d'instruction qui embrouillaient et éternisaient ainsi les
affaires, les abus des référés multiples, de ces audiences
qui mettaient le plaideur à la discrétion d'un rapporteur
ou d'un secrétaire que devait payer largement celui qui
avait recours à leur office ; il montre l'injustice de ces
jugements non motivés, par lesquels un tribunal décidait
à huis clos de la fortune, de la vie, de l'honneur d'un
citoyen, sans donner d'autre explication que cette for-
mule : *Pour le cas résultant du procès.*

Ces attaques, si habilement dirigées et l'impopularité
qu'elles suscitaient contre le Parlement Meaupou, enga-
gèrent le pouvoir à céder à cette nouvelle force de l'opinion. Les anciens magistrats furent rappelés.

Cette mesure satisfit l'esprit du public, qui n'avait pas
ménagé dans de mordantes satires les nouveaux tribunaux et leurs partisans. A Aix, les anciens parlementaires
furent reçus avec les plus vifs transports d'allégresse ;
quelques hommes du peuple composèrent même en leur
honneur des chansons qui furent répétées avec ivresse
par toutes les classes de la société.

Et si, plus tard, le peuple applaudit avec tant d'en-

thousiasme aux succès de Beaumarchais et aux différentes décisions qui lui rendirent son honneur et sa fortune,
(l'arrêt de la Cour de Paris, du 6 septembre 1776, an-
nulant le jugement qui l'avait blâmé, l'arrêt du Parlement de Provence qui jugeait contrairement au Parlement
Meaupou,) c'est qu'il y avait dans ces différents actes une
très grande satisfaction donnée à l'opinion.

Ainsi toute cette affaire remplie d'incidents avait
laissé des traces profondes dans l'esprit des masses; en
insistant si énergiquement sur le besoin d'une réforme
judiciaire et en combattant tous les actes, Beaumarchais,
après avoir aidé à détruire le Parlement Meaupou aux ap-
plaudissements des anciens magistrats, contribuait, sans
s'en douter, à préparer la ruine même des Parlements
qui l'avaient approuvé.

Lorsqu'on vit, en effet, ces fiers légistes remonter sur
leurs siéges, continuer les errements du passé, suivre les
antiques formalités et les anciennes règles qui, d'ailleurs,
n'avaient appartenu au Parlement Meaupou que par occasion; lorsqu'on les vit, après une opposition systéma-
tique aux actes de l'autorité royale, quels qu'ils fussent,
demander la convocation des Etats - Généraux, mais
s'attacher à annuler d'avance leur action en la renfermant dans les vieilles formes, de manière à se ménager
pour eux-mêmes une sorte de dictature, la même impopularité dont avait été victime le Parlement Meaupou les
renversa à leur tour.

Le peuple se souvint qu'ils n'étaient pas invincibles;
et, fort de la conscience de ses droits, il leur porta des
coups qui ne tardèrent pas à ébranler le trône lui-même,
et les confondre bientôt dans une commune destruction.

Ces corps redoutables, qui avaient eu assez de pouvoir pour faire reculer les rois, furent mandés à la barre de la Constituante, où il leur fut signifié que, suivant la parole de Beaumarchais, *la nation est en tout temps le juge des juges.*

Quelques jours après, un simple décret décidait que les Parlements avaient cessé d'exister.

---

D'après un pieux usage, nous devons à la reprise de nos travaux jeter un regard en arrière et nous souvenir de ceux de nos confrères qui ne sont plus.

Cette année la mort a été bien cruelle ; elle nous en a ravi deux que leur talent avait placés, depuis longtemps à la tête de notre barreau : M⁰ Jules Tassy et M⁰ Moutte, le doyen de notre Ordre.

Ceux qui les ont connus d'une manière particulière pourront vous dire quelles furent à la barre leur aptitude aux affaires, la rectitude de leur jugement, la facilité et l'éloquence de leur parole, qui, à chaque étape de leur carrière, marquaient un succès ; combien ils montrèrent dans leurs relations confraternelles d'abandon et de bienveillance, et furent, dans l'intérieur de leurs familles, affectueux et bienfaisants, affables et dévoués dans leurs rapports privés.

Quant à moi, je tiens surtout à vous parler de ce qu'ils ont été pour nous, avocats stagiaires ; de ce qu'ils ont fait pour notre conférence, de l'impulsion qu'ils ont su donner à nos travaux, enfin de leur affection paternelle pour les *nouveaux*. C'est à ces titres qu'ils ont droit à tous nos regrets.

M. Moutte , inscrit au tableau en 1810 , trouva au barreau d'Aix pour modèles et pour maîtres : Manuel, Dubreuil, Fabry, Castellan, Chansaud, Aillaud, Tassy (1); il ne lui était pas facile, au milieu de ces avocats éminents, de se frayer une route ; les difficultés qu'il rencontra à ses débuts ne firent qu'accroître son ardeur ; grâce à sa persévérance, il ne tarda pas à se faire remarquer par une éloquence sobre d'ornements , mais puissante de logique et de clarté, une fermeté de langage et une vigueur de dialectique qui firent de lui au Palais un des adversaires les plus redoutés. Les suffrages de ses confrères l'appelèrent pour la première fois en 1834 aux honneurs du bâtonnat.

En 1844, nommé, pour la seconde fois, bâtonnier, M. Moutte inaugura ses fonctions en montrant pour le jeune barreau une sollicitude empressée. A cette époque, quelques avocats purent, après une interruption de 10 ans, rétablir notre conférence. Cependant, moins confiants que leurs prédécesseurs dans leurs propres forces, ils résolurent de donner la direction de leurs travaux aux membres du conseil de discipline. Ceux-ci acceptèrent avec empressement ce patronage, et, à la date du 21 mars 1843 , intervint une décision dans laquelle le conseil déclarait donner toute son approbation à l'établissement d'une conférence à Aix, porter un vif intérêt à celle dont le règlement lui était soumis et accepter l'attribution que ce règlement lui avait conférée, c'est-à-dire la présidence.

(1) **Père de M. Jules Tassy.**

M. Moutte sachant par expérience les difficultés que les nouveaux éprouvent presque toujours au début de leur carrière, comprit que la décision de 1843 n'avait pas atteint le but qu'elle se proposait, celui de compléter les études des jeunes membres du barreau et de les familiariser avec l'exercice de leur profession. Il fit prendre à cet effet, le 30 novembre 1844, une nouvelle décision qui obligeait tous les stagiaires à suivre les séances de la conférence, leur assiduité étant une condition essentielle de l'accomplissement du stage. « Tout ce qui peut intéresser « l'Ordre en général, disait-il en son rapport, et en parti- « culier nos jeunes confrères prêts à entrer dans la car- « rière, est digne de fixer votre attention, d'éveiller votre « sollicitude, d'appeler vos sympathies ; une société éta- « blie à Aix mérite votre protection spéciale et tous vos « encouragements, elle a su s'en rendre digne. »

M. Moutte fut appelé par ordonnance royale du 27 mars 1845 à siéger, comme conseiller, au sein de la Cour. Imbu de la profonde connaissance du droit et des affaires, éclairé par une longue expérience, travaillant avec le plus grand soin hors de l'audience , il prêtait à toutes les plaidoiries cette attention soutenue qui est une grande partie de la justice.

Frappé en 1861 par l'inflexible loi sur la limite d'âge, M. Moutte ne put se résigner au repos. Son intelligence vive et infatigable avait encore besoin d'activité. Étant rentré dans nos rangs, il rédigea de nombreux mémoires et se livra à une des fonctions de l'avocat, qui , quoique moins brillante et plus modeste que celle de plaider, n'en est pas moins importante, celle de *conseiller*. Instruit mieux que personne de l'incertitude des jugements humains, connaissant les conséquences fâcheuses qu'entraîne toujours un procès, sans faiblesse comme sans souci du mécontentement que le client pourrait en ressentir, il n'hésita jamais à terminer un différent par une transaction. La confiance qu'il inspirait lui rendait d'ailleurs aisée cette difficile mission. On pouvait en un mot lui appliquer ces paroles de Ciceron : *Est enim, sine dubio, domus jurisconsulti totius oraculum civitatis.*

— M. Jules Tassy a précédé de quelques jours dans la tombe notre regretté doyen, à un âge où nous pouvions espérer le conserver encore parmi nous.

Il fut frappé au cœur par la perte de sa mère, digne et sainte femme, à qui il avait voué tout son amour ; sa santé s'altéra rapidement et il dut quitter le Palais, accompagné des regrets de tous ses confrères auxquels il avait toujours témoigné une grande affection.

Son père en mourant lui avait légué le culte du droit et l'amour de notre profession, un pareil héritage ne pouvait être répudié par lui : — « Digne successeur des « traditions de son père, il ne cessa jamais dans sa longue « et laborieuse carrière de respecter et d'honorer la « robe que nous portons. Esclave des devoirs profession- « nels, il sut toujours s'attirer, par la grandeur et la no- « blesse des sentiments, l'estime des magistrats, les « sympathies de ses nombreux clients et l'amour de ses « confrères (1). »

(1) Paroles prononcées par M. Crémieu Jules, sur la tombe de M. Tassy.

Élu bâtonnier en 1852, il considéra comme un de ses premiers devoirs de présider la conférence et de prendre part à ses travaux qui n'avaient été jusqu'alors dirigés que par un membre du conseil. Sous son habile impulsion et sa direction éclairée, cette réunion prit un essor considérable ; les avocats stagiaires, heureux de rencontrer un guide qui voulût les encourager et les seconder et être pour eux un correcteur paternel et bienveillant , redoublèrent de zèle et de travail.

A la fin de son bâtonnat, les membres de la conférence, désireux de témoigner à leur ancien président leur attachement et leur reconnaissance, lui offrirent, à la suite d'un banquet, une médaille frappée en son honneur, avec cette inscription : *A Me Jules Tassy, bâtonnier, hommage de reconnaissance.*

Dans le conseil de l'Ordre dont il n'a jamais cessé de faire partie jusqu'à sa mort, M. Tassy se montra rigide observateur de nos devoirs et défendit en toute occasion, avec une grande indépendance de caractère, nos droits et nos prérogatives.

Honorons nos morts, mes chers confrères, que leurs noms vivent dans nos souvenirs ! Comme eux aimons notre profession, restons fidèles aux traditions du désintéressement et de l'honneur, resserrons de plus en plus les liens de la confraternité, source inépuisable des plus doux sentiments et la plus sûre garantie de notre indépendance.